JN411359

오늘의문학 시인선 421

미루나무 꼭대기 앉아 우는 새

전병열 시집

오늘의문학사

국립중앙도서관 출판예정도서목록(CIP)

미루나무 꼭대기 앉아 우는 새 : 전병열 시집 / 지은이: 전병열. -- 대전 : 오늘의문학사, 2018
p. ; cm

충청남도와 충남문화재단에서 사업비 일부를 지원받아 발간되었음
ISBN 978-89-5669-907-3 03810 : ₩9000

한국 현대시[韓國現代詩]

811.7-KDC6
895.715-DDC23 CIP2018012508

미루나무 꼭대기 앉아 우는 새

| 시집 머리에 |

찔레나무 가시처럼
살아 온 내 生涯
미루나무 꼭대기
사월의 노래
새 한 마리 앉아 목이 쉬었다.

덤불처럼 날아가 버린
흔적 없는 삶의 발자국들
소리 높여 노래하던 새도
어디론가 훌쩍
날개를 파닥여 떠나갔다.

한줄 한줄 白紙 위에
써 내려간 수많은 詩語들
새 날아간 미루나무 가지처럼
잔잔히 흐르는 봄은
또 소리 없이 오고 있다.

| 목차 |

1부 꽃길은 외롭지 않다

2부 달이 뜨는 밤에는

3부 창가에 꽃잎 떨어지고

4부 외눈박이 부전나비

1부

꽃길은 외롭지 않다

밤에 걷는 꽃길은 외롭지 않다

금계천 벚꽃 길을 걷는다.
지나는 사람 아무도 없다.

멀리 가로등 몇 개
어둠 속에 뿌리는 불빛

발길에 차이는 돌멩이
또르르 구르는 소리
깨어지는 고요

별 하나 냇물에 떨어졌다.
풀벌레 울음소리 더욱 깊다.
밤에 걷는 꽃길은 외롭지 않다.

졸졸 흐르는 냇물소리
내 가슴 담아가고 싶은
하이얀 달 항아리
물에 떠 동동 흐른다.

꽃눈 나리고

꽃눈
나리더니
꽃 지듯
가버리고

찻잔 속에
그린 님
떠올리다가
하루 해가
지고 말았습니다.

오늘밤
꽃눈 나리면
그린 님 오시겠지
허전한
저녁입니다.

어디선가
나그네새라도 내려
짹짹
울기라도 하면
우리 님 어찌하나.

봄꽃

봄꽃을 가만히 들여다보면 향기롭고 따스하다.
애잔한 미소 마음은 이미 꽃의 가슴에 닿아있다.

초대받은 들새들이 봄의 소리 왈츠를 연주하고
나비들이 푸른들 평원 위에 무도회를 열었다.

꽃물 든 개울은 졸졸거리며 흥얼흥얼 신명 난다.
꽃들은 호사를 떨고 바람은 봄의 찬미가를 부른다.

봄은 꽃들의 웃음소리로 두근거린다

향기로운 꽃들의 얌전한 웃음소리
연미색 나비가 조선 여인의 춤을 춘다.

새들이 노래를 부르는 것도
꽃들의 웃음소리 때문이다.

봄의 들녘은 꽃들의 향기로운 웃음소리와
너울거리는 조선 여인의 춤사위로 두근거린다.

봄비 오는 날

이성계 도읍지 사대문 안 어느 골목
그 여자 살고 있다는 말 들었다.

주룩주룩 그날처럼 봄비 오는데

경대 앞에 앉아 꽃분홍 연지 바르고 있을까?
우산 쓰고 봄비 오는 골목길 걷고 있을까?

케케묵은 잡지책 꺼내놓고 뒤적이고 있을까?
학창시절 즐겨듣던 추억의 팝송 감상을 할까?

비가 오는데, 추적추적 봄비는 내리는데
빛바랜 사진 한 장 꺼내놓고 글썽이진 않을까?

사월은

사월은 황홀하다
삭막함도 절망도 없다.

망각이 되살아나는 달
꽃들은 피어난다.

사월에 오는 비는
마른가지 잎눈이 트고

사월에 우는 새들의 입술엔
빨간 장미가 피어난다.

채송화 꽃밭에서 생긴 일

사층 옥상에 향수에 젖은 조그마한 정원을 만들어
봉선화 맨드라미 백일홍 채송화를 심어 놓고
물을 주고는 하였는데
어느 날 아침
채송화 꽃이 열아홉 처녀처럼 활짝 피어 웃는다.

너무 곱고 이뻐 노랑꽃 하얀꽃 빨간꽃
이꽃 저꽃 들여다보고 있는데
아직 날개도 다 자라지 않은
소금쟁이 곤충 한 마리가 눈 안으로 들어온다.

어인 일인가 누가 잡아다 놓은 것도 아니고
4층 옥상까지 어찌 온 것인가?
누군가가 여기에 버리고 간 것인가 궁금해서
어찌 왔느냐고 살짝 물었더니
잠을 자다가 눈을 떠보니 여기에 와 있더란다.

엄마도 없고 밤으로 별빛만 고요해서
너무 슬프다고 눈물 뚝뚝 짓는다.

어찌하면 좋겠니?
내가 네 고향을 모르니 데려다 줄 수도 없고
여기가 네 고향이려니 생각하고
이 꽃밭에서 한생을 지낼 수밖에 없지 않겠니?

꽃나무의 행복

내년 봄엔
더 예쁜 꽃으로
피어 날거야.

햇살은 얼마나
따뜻이 맞아줄까?

하늘은 파란물이
얼마나 들었을까?

어느 새가
노랠 불러줄까
파랑새까
노랑새까

곰곰
사색에 잠든 시간

참
행복한 순간이다
꽃나무에게 겨울은.

사랑이야

사랑이야
내 사랑이야
내 고향 찔레꽃
이 봄 오면 피어날까
불러보는
그리운 이름이여.

사랑이야
내 사랑이야
찔레꽃 따다가
꽃밥 지어먹던 아이
잊지 못할
그리운 이름이여.

물에 떠서 흐르는 산꽃 한 잎

어디로 가나
산꽃 한 잎

개울 따라
휘어 돌고
굽어 돌고
소를 만나 쉬었다가

지천에 만난 친구들
외롭지는 않겠다
너 가는 길

너를 따라
길 가면
거기가 고향일까

어디로 가나
물에 떠 흐르는 산꽃 한 잎.

냉이 꽃

오줌 싸배기 늦동이 동생
키 씌워 옆집 소금 얻으러 보낸 사이

양지 담장 아래 냉이꽃이
화르르 화르르 피어나고 있었다.

어디선가 날아온 모시나비가
냉이꽃 입술을 깨물고 놓아주질 않는다.

아야 아야
봄날은 그렇게 수줍은 가슴으로
싸리나무 울타리 넘어
우리 집 마당으로 들어서고 있었다.

내 고향 찔레꽃

하얀 꽃 찔레꽃
우리 집 텃밭
언덕에 피어있었다.

찔레나무는 내게
꽃을 따 주고
새순을 꺾어
허기진 내 입에
넣어주었다.

엄마가 돌아오는 길엔
미루나무 그림자가 지고
어둠이 내려앉았다.

찔레나무는 새떼들을
불러들여 잠을 재우고
나는 바삐 걸어오는
엄마를 불렀었지 엄마 엄마.

꿈속에 고향

내 고향 실개천 방천에는 도깨비가 산다는 전설의 늙은 버드나무가 있어, 어린 나는 그 버드나무를 지날 때마다 가슴이 떨렸다

달개비꽃밭에 날아다니는 때때기를 잡으러 어린 나는 방천가를 자주 찾았다. 뙤약볕살이 내려 쪼이는 여름 한낮, 물고기를 낚아채는 물총새의 묘기에 홀려 좇아다니다 보면 나는 어느새 파랑새가 되어 허공을 날고 있었다.

실개천은 죽은 물고기의 핏빛으로 붉게 타고 물총새도 둥지를 찾아 돌아갔다. 삼베 등거리 옷은 땀에 젖어 쉰내가 풀풀 나고 푸른 콧물을 닦아내던 손등엔 말라붙은 코딱지가 너덜거렸다.

달려드는 쇠파리 떼, 팔 휘둘러 쫓아도 달아나지 않았다. 산그늘이 지는 들녘 돌팡벽이 언덕 엄니가 부르고 있었다. 개똥벌레가 밤하늘 별처럼 하나 둘 등불을 켜기 시작했다.

앞산 소쩍새가 세 번 울고는 건너 산으로 날아갔다. 나는 뜀박질로 엄마 품에 안기고 등에 업혀 울었다. 왜 우느냐고 엄마가 물어도 때때기를 잡지 못해 부화가 난 나는 아무런 대답도 하지 않고 훌쩍거렸다.

* 때때기 : 방아깨비 수컷
* 돌팡 : 돌멩이의 사투리. 돌팍

누이동생 친구 언년이

금산천 방죽 노상 채소전이 있는 길거리를 지나는데 누가 등 뒤에서 오빠라고 부른다. 누구를 부르나 싶어 뒤 돌아보았다. 아는 사람 없어 다시 돌아서려는 순간 오빠 나여, 길거리에 채소를 놓고 파는 나이든 여자가 방긋 웃는다.

선뜻 떠오르지 않아 “누구신데 저를 아시나요?” 묻자 “정미소동네 구루마 집 언년이여 오빠!” 가만 생각해보니 어렸을 적 모습이 떠오른다. “오빠오빠 부르며 따라다니던 일곱 살적 언년이란 말여?” “응 맞어.” “근데 니가 왜 여기서, 너 남이면 높은 논인가 하는디로 시집갔잖아?”

“그랬지. 젊어 남편 잃고 애들 둘 데리고 읍내로 이사와 사는 지가 이십 년은 됐지 그런데 어떻게 한 번도 못 보냐!” “그렁께말여.” “오빠는 항상 그대로네.” “야야 내 나이가 몇 살인디, 인자 나도 다됐다. 너도 많이 변했구나.”

세상풍파 견디지 못해 사는 것이 어려운지 그 예쁘던 얼굴엔 주름살이 자글자글하니 병색이 있어 보인다. 나보기가 미안했던지 먹다 남은 국수그릇을 한쪽으로 치워 놓고 쳐다보는 두 눈에 눈물이 글썽하다.

금방 떨어질 마른 가랑잎을 쳐다보는 것처럼 서러운 마음이 들어 "동생 나 갈게." 그 말 한마디를 던져놓고 돌아서는데 내가 걸어 온 인생의 아픈 날들이 폭풍우처럼 밀려든다.

조선 기생의 춤

내 고향에 가면 봄날이 온다.

아지랑이 언덕 꽃다지꽃밭에
연분홍 옷고름 휘날리며
연노랑 나비 한 쌍이
조선여인의 춤을 추는 날이면
나는 꽃다지꽃, 봄날은 온다.

요맘때

산이 멀어 푸르른
내 고향 뒷동산

산동백 붉은 가지
금빛 꽃이 필 때면

꽃다지 꽃밭에
꽃다지 캐는
창희 가시나 두 볼에도
뽈그레
꽃물 돋아 오르고

파아란 하늘
목이 부어 가여운
종달새 울음소리.

우화인생(羽化人生)

밤하늘 은빛 꽃나부*가
모여 사는 별이 내 고향이다.
그곳에 우화의 모태가 있다.

한 생을 더 우화하기 위해
지금 나는 시간 여행 중이다.
우화의 기쁨과 통곡의 길

별에게로 돌아가는 망각의 기억
되살아나는 날
나는 우화의 날개를 펼칠 것이다.

탈피한 육의 껍질을 버려둔 채
내가 살아왔던 지구별을 떠나
내 고향 별에게로 나는 돌아간다.

어느 순간 닥쳐 올 찰나에
이별의 송가 없는 새벽 별처럼
우주를 향해 비상할 것이다.

* 나부 : 나비의 방언

인삼축제

하늘에 뜬
별빛도 사라지고
조명 불빛들이
하나 둘
어둠속에 들면
시끌벅적 하던
축제의 밤은
시들하니 낙엽이 진다.

가끔씩 들려오는
취객들의 노래 소리로
밤은 깊어가고
졸졸 흐르는
금산천 냇물소리가
하룻밤 자고 가는
나그네
마음을 외로이 한다.

2부

달이 뜨는 밤에는

넋두리

안채 할아버지는 일찍 일어나 한지문을 열었다. "날씨가 찌뿌디디하니 잿빛인 걸 보면, 아무래도 오늘 눈이 올 것 같구먼." 하고는 담배통에 써럭연초를 꼭꼭 다져넣고는 부싯돌로 댕겨 붙인 긴 담뱃대를 입에 물고는 뻐꿈뻐꿈 빨아들일 때마다 동글동글한 연기가 피어오른다.

길게 자란 흰 수염 왼손으로 쓰다듬으며 먼 들녘을 바라보는데 까마귀 떼가 마을 안산으로 날아드는 것이다. "할멈, 까마귀 떼가 날아드는걸 보면, 아랫말 김영감이 갈 때가 된 것 같은디. 병환이 어떤지 아침 먹고 한번 댕겨오지그랴." 하는 것이다

묘비명

욕망도 수고도 미움도
슬픔도 분노도 고통도 없는
여기 무덤이
당신의 안식처 영원한 집입니다.

세상 인연
잊다가 잊다가
그래도 못 잊어 그리울 땐

필리리 필리리
풀피리를 불어요
저도 따라 불겠습니다.

아주 먼 옛날이지요.
나뭇짐에 꽂아 온 진달래꽃 한 아름
내 어린 가슴 환하게 안겨주던 아버지

그 정 끊으시고
찬 서리 내리는 어둠 빌려
어찌 홀로 길 떠나셨습니까?

당신 묘비 세우던 날
온 산 진달래꽃이 서럽게 울었습니다.

역(驛)

아버지는 역이었다.

화롯불 하나 없는
겨울역은 따뜻했다.

피곤한 나는
역으로 돌아와 눕고

역은 나의 안식처

오늘도 나는
역으로 가는 길을 찾는다.

삶의 여백

내 삶의 여백은 쉼터다.
피로할 때
누울 푸른 잔디가 있고
목마를 때 마실 샘물이 있다.

여백이 없었다면 나는 지쳐
하늘을 원망할 것이다.

쉬어 갈 여백이 있었기에
행복을 알게 되었고
삶에 대한 여유를 찾게 되었다.

그것이 인생 여정 갈증을 해소하는
꽃길이라는 것을 깨달았다.

내 아버지 어머니는
쉬어갈 여백 없이 살다가
서리바람 부는 날 허름한 옷을 걸치고
어둠의 길 떠났다.

부모 마음

허름한 옷을 입고 등이 굽은
시골 할머니가 지팡이를 딛고
은행 직원 앞에 앉아있다.

은행 여직원 하는 말이

“할머니 왜?
젊은 아들 통장에 입금을 시켜요
할머니나 쓰고 사시지.”

“아들이 못살아.
그란디
에미가 돼가지고 어떻게 보고 있어.”

아들 통장에는 오백 칠십 만원이 들어있고
할머니 통장에는 이백만원이 들어있는데

아들 통장으로
이체해 달라고 요구하는 것이다.

그 말 듣는 순간
뭉클, 무엇인가가 치밀어 올랐다.
자식 사랑이란 이토록 아픈 것인가?

꽃피는 봄날

참, 이쁘게도 오시네
우리 엄니

연분홍 치마저고리
흰 고무신 신으시고

파아란 풀밭 길로
사뿐히도 오시네

민들레 나싱개 꽃다지
봄이 오는 강변길.

달이 뜨는 밤에는

박꽃이 핀
여름밤에는 호박여치가 운다.
숲속 어딘가에서 둥근달이 뜨고

늦도록
돌아오지 않는 엄마

젖배 곯은 누이가
엄마아 엄마아
초가지붕 처마 끝에 매달려 운다.

빗방울 떨어지듯 가슴 아려오는
긴긴 저녁이었지,
달이 뜨는 밤에는.

진달래 화전

작년 이맘때
담가놓은
진달래 꽃술에
진달래 화전을 부쳐
고단한 아버지
술상 차려주겠다고
포대기에 나를 업고
진달래동산으로
올라갔다.

화색 진한 나비들이
이리저리 날고
봄바람에 간지럼 타는
수줍은 진달래꽃
숫처녀 웃음소리가
골골이 메아리친다.

이만큼이면 되겠다고
아가?
이제 내려가자며
양지쪽 바위 아래 앉아
퉁퉁 불어 오른 젖을 물리며
우리 애기 배고팠지
궁둥짝 두드리던 스물두 살
낭자머리 엄마.

흔적

어머니 무덤 집
떨어진 하얀 깃털 하나

백조가 되어 날고 싶다던 어머니.

엄마의 자장가

알캉달캉 우리 애기
밤 한 말을 주워다가
살강 밑에 묻었더니
들랑날랑 새앙쥐가
다 파먹고
밤 한 톨 밖에 안 남았네.
껍데기는 내버리고
비늘은 내가 먹고
알맹이는 우리 애기 먹여주고
알캉달캉 우리 애기
어화둥둥 우리 애기
잘도잔다 잘도 자네.

엄마는 젖을 물리고 다독이며
자장가를 불러주었지.

우리 어메

배나무 골
밭일 간
우리 어메

달빛 밟아
찾아 나선 길

산비탈 쓰러져
울고 계시네.

아이구머니나

어메 어메
우리 어메

"이거 워쩌면 조탸"

부축하여 앉혀놓고
달음박질로
산길을 내려왔다.

건너산 아래
삽작거리
아빠를 불렀다.

아빠아
아빠아
어메가 어메가 다쳤어

콧물 눈물 저녁별이 되어 떨이졌다.

어미새

엄마 배고파!

하늘이 열리는 순간
어미는 날개를 펴고 날았다.

어둠이 채 가지 않은 허공
아무것도 없다.

엄마 배고파!
창자를 쥐어짜는 새끼 울음소리

먹이 찾아
허공을 날고 있을 어머니.

상추비빔밥

팔 괴고 누워 물끄럼
감꽃을 바라보는 것은 슬픈 기억

어매는 감나무 아래서
감자보리밥
대궁선 상추 잎
지진 된장 쭉쭉 뿌려
옹기뚜껑
맨손으로 버무렸다.

다섯 남매
숟가락 부딪치는 소리

멀찍이 쳐다보던 어머니.

잃어버린 시간

잃어버린 시간은
돌아오지 않는다.

지나간다는 것은
잃어버린 것이다.

순간에
富와 貧의 길로 갈린다.

순간을 놓치지 않은
사람에게는 富가 따르고

순간을 잃은 사람에게는
貧의 길로 들어선다.

命과 福은 신의 영역이다
인간이 앗을 수 없다.

나는 살아오는 동안
빈 낚싯대를 던져놓고 있었다.
고기 한 마리 잡아 올릴
한 순간을 놓쳐버린 것이다.

아들아

말간 하늘
빗방울 몇 개 떨어졌다.

모랫길
자잘한 글씨
이렇게 쓰여 있다.

"사랑하는 내 아들아."

운명 교향곡

숲속에 누워 눈 감으면
산 개울 물 흐르는 소리
아리아로 고요히 흐르다가
굽 돌고 휘어 돌아
쾅쾅 후려치는 폭포소리
내 운명 교향곡

내 삶의 운명
비바람 몰아치다가
꽃 피고 새 울고
비 개인 하늘
내 가슴 흔들어놓던 분홍빛 사랑
잃어버린 내 운명 교향곡.

시든 배추

땅거미 든 시각, 집으로 돌아가는 길거리 채소 파는 노파를 보았다. 그냥 스쳐 지나치려다 남은 애기배추 두 단을 샀다. “고마워요 젊은이 집이는 워찌 가나 했는디.” 목소리는 떨리는 듯하면서도 상기되어 있었다.

볕살 아래 찌든 그녀 얼굴 창문에 비치는 아침 햇살처럼 금세 환하게 밝아 올랐다 “할머니 지금 해 떨어졌어. 빨리 짐 싸들고 가야지. 집은 어디세요?” “부리면 창평에 사는디요. 오늘은 걸어 못가고 시내버스 타고 가야것네.” 환해졌던 얼굴에 다시 그늘이 드리웠다

골목길 돌아 들어선 나의 집, 속 모르는 아내 “당신 이거 어디서 샀어? 빨리 가서 물러와요.” 불같은 성화다. “그냥 쌈이나 싸 먹읍시다. 시골 늙은 할머니가 늦도록 앉아 있길래 팔아준 거야.”

금세 수그러드는 아내. "여보 이것 좀 봐, 물에 담가 논 배추가 시퍼렇게 살아났네." 놀놀한 배추 속 한 이파리 뚝 따내 입안에 넣어주는 상긋한 미소가 보조개 속으로 뱅그르르 돌아 복사꽃처럼 활짝 피어나는 아내 얼굴.

餘白의 삶

도시의 밤을 떠나
강변길 마실 나갔다.

하늘엔 은하수가 흐르고
청산 누각이 강물 위에 떠 있다.

세상은 이국처럼 고요한데
가슴 적시는 내 고향 풍경(風磬)소리

먼 산 두견새 울음소리
밤의 정적을 흔드는 풀벌레 울음소리

나는 강둑을 거닐며
내 삶의 여백을 찾았다.

3부

창가에 꽃잎 떨어지고

미루나무 꼭대기 앉아 우는 새

푸르던 잎새 가을이 가고 눈발 휘날리는
미루나무 꼭대기 새 한 마리 앉아 운다.

구슬프고 서러웁다.
오늘이 임 가신 그날인가?
앙상한 가지나무 꼭대기 앉아 우는
저 새

여백의 행복

여백 없는 세상은
죽은 세상입니다.

우리 인생에도
여백 없는 삶은 고통이지요.

나만의 여백을 찾으세요.

오늘 하루의 여백
그것이
당신의 행복입니다.

생의 마감은 여백의
행복으로 이어가지요.

우리에게
생명의 연장은 없습니다.

오늘일지 내일일지
봄이 나를 기다려줄지
아무도 모르지요.

지금
이 순간의 여백
그것이 행복입니다.

병실

수많은 사람들이
거쳐 간 병실 침대

산 자와 죽은 자의 갈림길

신은 나에게
어느 곳으로 발길을 돌리라 할까?

불현듯,
생은 이렇게 고통 속에 가는가?

눈물이 펑펑 쏟아졌다
평생 가슴에 담아둔 눈물이다.

내일 아침 내 눈에
빛이 들지 않길 바랬는데
또 눈을 뜨고 말았다.

주사바늘을 들고 분주히 들어오는 간호사
나더러 산 자의 길로 가라 하는구나.

목마와 나

구름 한 점 없는 파란 가을하늘
나는 하얀 목마를 타고 달린다.

내 하얀 목마가 보이지 않을 땐
별나라 엄니를 만나러 가는 길이다.

코스모스 향기가 풀풀 날리는 호숫가
목마와 나는 꿈속에서 만났다.

하늘은 쪽빛 물이 들었다 지워지고
나는 목마를 타고 은하수를 건너는 중이다.

피난민 상여 집 아이

상여 집에 사는 소녀아이가 있었다.
엄마와 두 동생,
엄마는 매일 아침 밥 동냥을 나가고
아이들은 산딸기를 따먹고 개구리를 잡아 구워먹었다.

풀벌레 울음소리에 눈물을 자아내고 비가 내리는 날은
은구슬 같은 빗방울이 처마 아래로 똠방똠방 떨어졌다.

겨울이 오면 뚫린 지붕으로 눈꽃이 하나둘 날아들었다.
달빛이 밝은 밤에는
풀벌레 울음소리 보다
더 서러운 노래 소리가 새어 나왔다.

"나의 살던 고향은 꽃피는 산골
복숭아꽃 살구꽃 아기 진달래…."
그 소녀 아이의 노래를 들으려고
나는 날마다
상여 집 가까이에 있는 느티나무를 찾았다.

사월의 부활

꽃들의 부활은 사월입니다.
잊었던 우리들 가슴에도
부활의 기쁨이 살아납니다.

잃어버린 사랑이 있다면
사월에 찾으세요
그 사람 이름을 불러보세요
어디선가 당신에게 소식이 올 겁니다.

그리움은 사월에 부활 합니다.
사월의 따스한 햇살이
꽃을 피워내듯이
잔인한 사월이
가슴을 울리기 때문입니다.

사월이 오면 바닥이 드러나도록
실컷 울을랍니다.
쌓이고 쌓인 그리움의 눈물을
모두 퍼 내려합니다.

그래야 내 발걸음이
가벼워질 것 같아서입니다.
흘린 눈물 한 방울 한 방울이
하얀 찔레꽃으로 부활할 것입니다.

사월이 오기를 기다리겠습니다.
잃어버린
사랑의 부활을 기다리겠습니다.

영희와 나

내가 아름다운 영희를 사랑하고
영희가 나를 무척이나 사랑해서
뜰에 장미는 매일 밤 꽃물을 들이고
나는 영희를 아득히 그리워하며
긴긴 밤을 눈물로 적신다.

겨울이 가고 봄이 오는 것도
출렁이는 강물의 사랑 이야기도
바람에 흔들리는 풀잎의 작은 몸짓도
아름다운 영희가 나를 사랑하고
내가 영희를 사랑해서이다.

사랑하는 영희가 내 곁에 있어
달빛은 창가에 하얀 등불을 달고
울 밖, 밤벌레 가늘은 노랫소리
산박쥐 별을 찾아 날아드는
아름다운 밤이 살포 내린다.

별이 뜬 밤 승냥이가 내려 짖는다는
전설 같은 깊은 산중 흑암리 굴먹
오두막을 지어 알뜰히 살자며
먼 길 걸어 영희가 올 것이라는 생각으로
오늘 밤도 포근히 눈은 나린다.

* 백석 詩 '나와 나타샤와 흰 당나귀' 형식을 인용

관촌역

산촌의 관촌역은 한가롭다.
낡아 부러진 나무 의자엔
코스모스가 자리를 차지하고
게으른 졸음에 꾸벅이고 있다.

메밀 잠자리가 한가로이 날고
가랑잎 구르던 철길 위엔
겨울이 찾아오고 눈이 내려
수북 쌓여 설원이 되었다.

낡은 대합실엔 낯설은
늙은 객들이 불 꺼진 난로 가에
둘러 앉아 콜록 콜록
해소 기침소리로 가득하다.

깨어진 유리창 구멍
눈보라가 휘몰아쳐 들어오고
까마득 들려오는 개 짖는 소리
시간표 없는 기차를 기다리며 떨고 있다.

새벽녘까지 눈 내린 철길 위로
긴 차량을 매달고 도착한 기차는
객들을 싣고 관촌역을 뒤로 한 채
바람처럼 사라져 갈 것이다.

生과 死

장미꽃이 피었다
참 곱다 싶었는데
빛이 바래간다.

점점 더,

빛이 바랜다는 걸
장미는 알고 있을까

생을 포기하지 않아도
가야할 길 있다는 걸

어스름 저녁
총총히 걸어가는
빛바랜 사람들

밤 길 가는 사람 있을 테지
오늘밤.

소래포구

금빛 노을 붉게 타는 강마을에는
서역으로 가는 길 묻고 묻는 기러기 있다.

여기서 강을 따라 백리를 더 내려가면
산대나무숲 우거진 소래포구

호야 불 밝혀놓은 종선을 타고 그물을 치는
코맹맹이 늙은 어부에게 물어보라 일러주던 곳.

비가 오는 날에는

비가 오는 날에는
우산 쓰고 들길 걷고 싶다.

빗줄기 속으로 걷다가
쑥스럽지 않게
낯선 어느 여인을 만나
오래된 사람인 양
눈인사를 나누고

그냥 말없이 걸으며
들꽃 세상 이야기도 들어보고
빗방울 속에도 들어가 보고
풀잎의 아픔도 생각하면서
타박타박 걷고 싶다.

그러다가
저녁이 되어 길 끊기면
말을 걸까 말까 망설이다가
뒤도 돌아보지 않은 채

발자국 소리를 지우며
빗소리 속으로 몸 숨기고 싶다.

백일홍 꽃이 되어라

서실 오르는 2층 계단
잠자리 한 마리 죽어가고 있다.

자잘한 개미들
살점 물어뜯으려 몰려드는데

유리벽 안에 갇혀
몇 끼나 굶었을까?

얼마나 애태웠을까?
몇 바가지 눈물 쏟았을까?

힘을 내어 날아보라고
창문 밖으로 날려 보냈는데
이내 백일홍 꽃밭으로 내려앉는다.

그래,
백일홍 꽃이 되어라
마음으로 빌고 빌어 보는데
어디서 오는 잔비가 유리창을 타고 흘러내린다.

여(艅)

세상 몸 드러낸다는 것 교만이라는 생각

은자의 길 자처하고
세상뒤편, 물속에 들어앉아 있는 작은 섬

세상 사람들이 눈치 채게 된 건
물에 정박하고 있는 낡은 목선 때문이다.

언젠가는 몸을 드러낼 것이라는 희망으로
기다리고 있는 저 낡은 목선 한 척.

사랑의 불씨

가을 색 짙은
억새꽃 사내의
고백서를 읽고

나비가 앉았다
날아간 꽃잎처럼
떨린다면

그녀 가슴에는 아직도
꽃불이
살아있음이다.

창가에 꽃잎 떨어지고

대전 중동 10번지
홍등가 2층집

고아로 자란
애릿한 스무 살 그녀

송판때기 사과상자 경대
안개꽃 꽃병 하나

기러기 한 쌍 놀고
비상의 꿈을 꾸는 천 마리 종이학

사월이 오면
그녀 창가엔 꽃잎 떨어지고.

슬픈 이별

생의 고통에서 벗어나려는 풀벌레 한 마리
온 몸에 퍼져있는 병원체 거미줄처럼 엉겨있다.

살겠다고 갉아먹다 만 흔적
풀잎은 풀벌레의 발톱을 꼭 끌어안고
자신의 몸을 풀벌레에게 내어 주고 있었다.

더 이상 먹임질이 없다는 것을 알고 있으면서도
풀잎은 그를 놓아주지 않는다.
한 생명의 죽음을 방치 할 수 없다는 생각이다.

갑자기 불어 닥친 비바람에 몸이 흔들려 놓쳐버린 풀벌레
당황한 풀잎은 재빨리 손을 뻗어 내밀었지만
풀벌레는 검은 늪 속으로 자꾸만 빨려 들어가고 있다.

천내강 소동

함박눈 내리는 갈대밭으로
사냥개가 내를 하며 들어가고

탕! 탕! 탕!
허공 찢는 삼 연발 총성
조용하던 강이 갑자기 소란해졌다.

잿빛 하늘 깃털 한줌 흩뿌리고
곤두박질쳐 떨어지는 청둥오리

유유자적 길을 가던 강은
마음이 안되어서 받아 안으려고
이리저리 몸을 뒤집었다.

겨우 겨우
가슴으로 받아 안은 강은
힘줄을 세워
강 아래로 밀어내기 시작했다.

사냥꾼의 눈에서 점점
멀어져 가는 것을 바라보고서야
마음이 놓인 듯 깊은 숨을 몰아쉬었다.

강은 슬픈 노래를 부르며 흐르고
눈발은 더욱 세차게 갈기를 세워
사냥꾼의 모습을 강변에서 지워버렸다.

낙엽은 마지막 유서를 쓴다

가을엔
낙엽들의 유서로 허공이 빽빽하다.

살아온 생에 대하여
산새 한 마리가 날며 유서를 읽는다.

그리고는
이파리 하나 남아있지 않는 가지 끝에 앉아
부리 치켜들어 '허무에 대하여' 노래 부른다.

가을엔, 가을엔 이 세상 끝이라는데
눈이 나리면 나는 어디로 가야 하나.

4부

외눈박이 부전나비

풍경소리

절집
처마 끝

낮밤
천년기도

맑은
독경소리

땡그렁
땡그렁

눈 먼
나를 깨운다.

꽃을 좋아하던 산골소녀

남이면 백령산 깊은 골짝 막차리에 오두막집 한 채 있었다. 밤으로 오소리 멧돼지가 내리고 별들이 마당 가득 쏟아져 내렸다. 그 집 순자라는 여섯 살 소녀 아이가 살았는데 꽃을 좋아해 들꽃을 찾아다니며 꽃과 대화를 하고 꽃과 함께 노래를 불렀다.

꽃을 꺾어 머리에 꽂고 꽃목걸이 꽃시계를 차고 깨금발로 뛰어다니며 즐겁게 놀았다. 젖애기 동생을 등에 업고 콩밭 매러 간 엄마를 찾아가 젖을 먹이고 돌아올 때는 애기 푸른 콧물이 말라붙은 무명베 저고리 쇠파리가 달라붙고 길가 목화밭 다래를 까먹는 맛은 달큼해서 좋았다.

망초꽃 한 대궁 꺾어 뱅글뱅글 돌리며 홍얼홍얼 콧노래 불렀다. 나비처럼 살던 그 아이가 자라나 삼십 리 밖 재 너머로 시집을 갔다는 소식을 들었다. 아비도 어미도 모두 떠나간 빈 오두막집, 허물어진 석가래 해맑은 웃음소리가 담장 너머로 새어 나온다.

"엄마, 엄마!" 부르며 치맛자락을 잡고 따라다니던 그 소녀의 웃음소리에 별들이 쏟아져 내려 꽃이 된 하얀 망초꽃들이 마당가득 무성하다. 꽃밭에 숨어있을 소녀를 찾아 이 꽃 저 꽃 노랑나비 한 마리가 왼 종일 날개를 펄럭이며 날아다닌다.

장다리 꽃밭에

나른한 햇살 장맛비처럼 내리던 봄날 내를 건너 날아온 호랑나비 한 마리가 요꽃 조꽃 실타래를 풀며 한가로이 놀던 날, 나비를 쫓아다니는 다섯 살 누이를 보고

장달이 꽃 다 망가트려놓는다고 우물가 어머니가 "가시네야, 가시네야!" 나무라던 날

시샘 난 봄볕은 더욱 노란 볕살을 장다리 꽃밭으로 한 소쿠리 두 소쿠리 화락 화락 퍼부어 내렸다.

봄이 오면 개나리꽃 같은 볕살이 산골로 언덕으로 쏟아져 내려 텃밭 장다리꽃도 피고 나비도 날아오는데 "가시네야, 가시네야!" 불러줄 이름이 없다.

蓮이라는 여자

스무 살 적 대전에서 금산으로 가는 완행버스 안에서 연이라는 여자를 만났다. 어느 곳에 사는지 이름이 누군지도 모르는 그 여자가 연씨라는 말 한마디 남겨놓고 버스에서 내려 분주히 대합실을 빠져 나갔다.

긴 꼬리머리에 화장기 없는 하얀 얼굴 맑은 향기가 마치 백연을 닮았다. 어느 사이 내 가슴에 연밥 하나 들어앉았는지, 그날 밤 연꽃 한 송이 피어나 맑은 향기로 가득 찼다. 한 해가 가고 두 해가 가도 폴폴 날리는 연꽃향기,

나의 하루는 연꽃향기로 시작하고 연꽃향기로 마무리한다. 세월이 흐르면 흐를수록 더욱 맑은 향기가 나는 연이라는 여자, 한겨울 어디서 풍기는 연꽃 향기냐고 사람들이 물어도 나는 모르는 척 가슴속 몰래 숨겨두고 산다.

쌍둥이 형제

중앙초등학교에 소집된 스무 살 미만의 학생들이 군인 장교의 명령에 따라 운동장에 줄지어 서서 국방군이 인민군에 밀리어 조국을 지키기 위해 우리 학생들이 나서야 한다는 연설을 듣고 있을 때였다.

군인 네 명이 바지저고리 차림의 소년 두 명을 묶어 끌고 와 앞에 세워놓고는 "학생여러분, 저 쌍둥이 놈들은 조국이 위태로운 상황에서 저들만 살겠다고 달아난 놈들이다. 저 놈들을 군법으로 다스려 총살을 시키려 하는데 여러분 생각은 어떠한가?" 물었다.

흥분한 학생들이 여기저기서 "죽여라! 죽여라!" 고함이 터져 나왔다. 인민재판이었다. 눈도 가리지 않은 쌍둥이 형제를 세워놓고 M1소총 수십 발의 탄환이 날아가자 목 팔 다리가 떨어져 팔딱팔딱 뛰었다.

아침 햇살이 핏물이 낭자한 시체 위로 비쳐 내렸다. 운동장은 풀벌레 한 마리 울지 않는 한 밤중처럼 고요했다. 진악산 너머 먹구름이 몰려오고 까마귀 떼가 빙빙 허공을 선회하고 있었다.

* 6.25 전쟁 당시 실화

신의주 엿장수

— 거제도 포로수용소 실화

전향교육이 끝나던 날, 남한에 전향할 포로와 북으로 돌아갈 포로들을 갈라 줄을 세웠다. 제1호 천막, 오십 명 중 전향자는 고작 열 명뿐이었다.

인민군 장교 출신 소대장이 생 참나무 몽둥이를 열 명에게 들려주며 몸을 뻗어 엎드려 자세로 있는 사십 명의 미전향자의 머리통을 까부수라는 명령이 떨어졌다.

아무도 그 명령을 따르지 못했다. 그러자 본보기로 한 포로의 머리통을 내려쳤다. 퍽 하는 소리와 함께 머리통이 깨져 핏물이 천막으로 튀었다. "야! 이 종간나 새끼들아, 하갔니? 못 하갔니?" 온 몸이 부르르 떨렸다.

그제서야, 모두들 달려들어 내려치기 시작했다. 퍽퍽퍽 순식간에 벌어진 피바다의 현장이었다. 천막 안은 찬바람이 불어 얼어붙었다. 사내는 야수가 되어 살아났다.

“나는 대한민국 엿장수여! 신의주 불한당 대한민국 엿장수란 말여!” 철커덕 철커덕 산동네 골목골목을 누비는 가위소리는 생 참나무 피바다 울음소리였다.

산나비의 꿈

옛날 옛적 호랑이 담배 먹던 시절의 옛이야기를 할머니로부터 듣고 자라온 어린 산나비가 깊은 산골 백양나무 숲속에 살았다.

할머니를 따라 산을 넘고 강을 건너 세상구경을 다니던 어느 날, 나리꽃에 앉아 할머니의 품속에서 낮잠이 들었다. 어디서 방울새 노랫소리가 가늘게 들려오고 계곡물소리가 돌돌 거렸다.

산바람이 차디찬 초록 물 몇 방울을 이마에 떨어뜨리며 스쳐 지나갔다. 엄마는 어디로 갔을까? 지금 어느 하늘 아래 살까? 갑자기 엄마가 보고 싶어졌다. 오래 오래 전 세찬 비바람이 숲속을 덮쳐 올 때 잃어버린 엄마,

엄마, 엄마의 이름을 불렀을 때, 어디선가 나풀나풀 날아오고 있다. 엄마의 젖 내음이 물씬 풍겨왔다. 가슴으로 자꾸만 파고들었다. 빗물처럼 눈물이 쏟아져 아무런 말도 못했다.

한참이 지났을까, "아가, 아가!" 할머니 음성이 들려왔다. 기울어진 저녁노을이 숲속으로 스며들고 이따금 들려오는 청개구리 울음소리 숲은 어린 산 나비를 보듬어 안아주었다.

진악산 멧돼지

진악산 멧돼지가 밤에 어동골 마을로 내려와 고구마 밭을 일구어 농사를 망치게 되자, 동네 사람들이 대책을 세워 올가미를 놓고 덫을 설치해 놓았는데, 귀신 곡할 노릇, 올가미와 덫을 피해 용케도 달아났다.

궁리궁리 끝에 몇 군데 구덩이를 파놓고 나뭇가지로 위장을 시켜 놓았더니 백년은 묵은 큰 암컷 멧돼지가 걸려들었다. 사람들은 이제 근심거리가 사라졌다고 좋아라 하였다. 지게 타래 고리로 네 다리를 묶어 장정들이 끌어내려오자 동네 노인네 아낙네 꼬맹이들까지 모두 나와 시끌벅적 구경을 하고 큰 잔치를 벌였다.

밤이 깊어 갈 무렵 산짐승 울음소리가 마을 가까이서 들려오자, 사랑방에서 화투놀이를 하던 청년들이 횃불을 들고 수군수군 울음소리를 찾아 나선 그곳에는 어린 멧돼지새끼 일곱 마리가 오골이 앉아 울고 있었다고 동네에 파다하게 소문이 나 모두 다 애석해 하였다는 이야기가 지금도 전해져 내려오고 있다.

외눈박이 부전나비

왼쪽으로 고개를 돌려야 앞이 잘 보이는
몸의 수평을 잡을 수 없어 기우뚱 흔들리는 몸짓
친구 하나 놀아주지 않는 외눈박이 부전나비

꽃밭으로 날아날아 이 꽃 저 꽃 잠깐 잠깐
앉았다 날았다 하는 것은 꽃들의 저항 때문이었다.

왜 그럴까?
풀밭에 앉아 이슬방울에 얼굴을 비추어 보고서야
외눈박이라는 것을 알았을 때 세상이 싫어졌다.

풀잎을 차고 날아올랐다. 푸르르 풀잎이 떨렸다.
나는 외눈박이, 나는 외눈박이, 중얼중얼 거리며
깊은 산중으로 들어가 세상 밖으로 나오지 않았다.

법당 앞에서

남편의 유골을 떼어놓고
법당 문을 나서는 흰 상복 입은
젊은 여자를 보았습니다.

목탁소리는 마룻바닥을
뒹굴고 뒹굴다가 쓰러져 눕고
풍경소리만 절간을 휘휘 돌아
향불처럼 타 오르는 것입니다.

법당 계단을 오르내리며
어찌할 바 모르던 그녀는 탑 주위를 돌며
철없이 뛰어 노는 두 아이를 끌어안고
매화꽃 그늘 아래 앉아 서럽게 울었습니다.

하얀 목도리 두른 이름 모를 새 한 마리가
숲속 어딘가에서 포로롱 날아와 앉아
쫑알쫑알 울먹일 때마다
꽃잎이 떨어져 꽃 무덤인 듯하였습니다.

두 눈이 퉁퉁 부어 오른 그녀는
해거름이 되어서야 고사리 같은
새끼들의 손을 꼭 쥐어 잡고
빗물처럼 미끄러져
산 아랫길로 떠내려가는 것입니다.

돌아보고 돌아보며 못내 아쉬워하는 그녀
멀찍이서 측은히 바라보던 늙은 여승은 괜시리
뜰팡을 탁탁 쓸어내리며
애꿎은 동자승만 야야 불러대는 것입니다.

메세기 처녀 시집가던 날

요강원 은행나무
노랗게 물이 들던 날
꽃가마 타고 마랑골
자부리 박오재 지나
서대산 골막으로
시집가는 메세기 처녀

가마꾼이 개울물
어여차 돌다리를 건너고
당나귀가 앞발을
높이 들어 히히잉
웃는 바람에
친정아버지
바지자락이 다 젖었다.

가마 속 신부는
요강에 오줌을 싸고
정오 쯤 지나 신랑 댁에
도착하였을 때에는

홍당무가 된 두 볼에
젖가슴이 두근거렸다.

혼사를 치르고 돌아오는
신부 아버지 눈가에
눈물이 촉촉이 젖고
자줏빛 노을이
신마루를 감아 돌아
기러기 한 쌍
머들령을 넘어 날아가고 있었다.

매화꽃 지던 날

빨간 꽃을 피우는 매화나무집 딸아이 이름이 홍매화인데, 매화꽃을 닮아 마음씨가 곱고 예쁘장하니 생겼는데, 소아마비를 앓아 한쪽 다리를 절며 걷는다. 사람들은 그 아이를 만나면 "요로쿰 예쁜 것이." 라며 안쓰러워하였다.

세월이 흘러 재 너머 마을로 시집을 갔는데, 지적 장애인이었던 남편이 얼마 살지를 못하고 세상과 이별을 하였다. 매화는 하늘이 무너지는 듯 너무 슬프고 원통하여 흐느꼈다.

"여보! 우리 정답게 살자하던 그 약속 어찌 하고 홀로 그 먼 길을 가시었습니까? 저승길은 멀다는데 누구에게 길을 물어 가시려 하십니까? 먼 훗날 우리 다시 만나 못다한 정 나누며 행복하게 살아요." 뚝뚝 떨어지는 눈물에 흠씬 젖은 편지 한 장을 수의 속에 넣어 주었다.

달이 뜨고 별이 뜨고 새가 울고 꽃이 피어도 먼 산만 바라보던 그 여자가 어느 봄날 마당에 꽃밭을 만들었다. 매화꽃 살구꽃 앵두꽃 봉선화 채송화 국화꽃이 철 따라 피고 지는 것을 바라보며 위안을 삼고 살던 그 매화라는 여자가 세월이 흘러 무성하게 자라난 매화나무가 흐드러지게 꽃을 피워 내던 날, 새들이 와서 카랑카랑한 목소리로 노래를 부르던 날 매화꽃 그늘 아래 자리를 깔고 그녀가 누웠다.

이제 남편 곁으로 갈 때가 되었다고 생각한 그녀는 눈을 감았다. 며칠이 지나도록 눈을 뜨지 않았다. 한잎 두잎 떨어지는 꽃잎에 그녀의 몸은 붉은 꽃무덤이 되었다. 삐죽 삐져나온 희끗한 머리털 몇 개 봄바람에 흔들리고 있었다.

꽃각시네 주막집

금산 읍내 장터에서
제원면으로 내려가는
미루나무 신작로 길에는
꽃각시네 주막집이 있다.

술을 파는 젊은 주모는
동백기름 낭자에 은비녀
색동저고리 자주색 옷고름
연분홍 치마끈 동여매고
손객을 반갑게 맞이한다.

경상도 김천에서 영동,
금강 협곡을 따라 올라와
강경으로 가는 소금장수
젓갈 장수 늙은이들이

금산 오일장 보부상들이
황간 소몰이꾼들이
한 잔 술에 고단한 삶의
피로를 풀고 가는 주막집

가을달이 밝은 밤에는
카랑카랑한 장고소리
꽃각시 진도아리랑 한 가락에
장꾼들의 설움을 달래주던 곳

세월 지난 주막집 빈터 위엔
보라색 들국화가 바람에 하늘거리고
아카시아 나뭇가지 걸친 달이
꽃각시 옥양목 속저고리처럼 펄럭인다.

그 여자의 일생

산골 마을의 겨울은 땔나무를 준비해야 한다. 남정네들은 큰 산을 두 개 넘어야 나뭇짐을 지고 집에 돌아올 수 있다. 그녀는 뒷동산에 올라 고주배기*를 캐고 깔쿠리*로 마른 풀잎을 긁어오는 것이 고작이다.

찬바람 부는 날이나 눈발 드는 날이나 대 소쿠리에 유복자로 얻은 어린 것을 앉혀놓고 민둥산의 등줄기를 긁는 그녀의 깔쿠리 소리에 놀란 산새가 날고 산토끼가 달아난다. 아기가 운다. 울며 대소쿠리 긁어댄다.

'아가, 우지 마라. 아가, 우지 마라. 니가 울면 어미 가슴 어찌할까?' 속마음으로 아기를 달래며 깔쿠리질을 한다. 깔쿠리질을 해야 겨울을 날 수 있다. 저녁때가 되어 어린 것을 등에 업은 채 지는 해를 이고 산을 내려오는 그 여자,

밤이 깊도록 젖을 물리고 품에 안아 달래어도 울고 또 운다. 억척으로 울어댄다. 어미는 서러워서 화풀이로 아기의 궁둥짝을 두들겨보지만 아기의 울음은 그칠 줄 모른다. 친척 하나 없는 육이오 전쟁 미망인 그 여자,

아기의 열 손톱 피고름을 보고서야 대가시가 박힌 것을 알고는 가슴에 꼭 끌어안아 “아가, 미안해. 아가, 미안해. 엄마가 바보였어.” 천 갈래 만 갈래 가슴 찢어지는 소리, 방안 가득 피고름이 되어 흘러내리고 있었다.

* 고주배기 : 나무둥치를 벤 썩은 뿌리
* 깔쿠리 : 갈퀴

구미호 이야기

구미호 이야기를 듣는 밤은 눈이 나리고, 여우가 뒤곁에 내려 짖었다. “아가 내일이 금산장날인디. 우리 애기 털신 사줘야지.” 정말 꿈속처럼 밤이 지나갔다. 아침이 되자 발 좀 재볼까, 지푸라기로 내 발을 재는 엄마.

몇 문*이 맞을까 오문이나 육문 정도면 맞겠다며 서둘러 장으로 나갔다. 마음이 들떠있는 나는 아이들에게 “야들아 우리 엄마 내 털신 사러 장에 갔다.”라고 자랑을 하며 팔딱팔딱 뛰어다녔다.

오후가 들어 장을 본 물건들을 머리에 이고 들어오는 엄마, 치마꼬리 붙들고 “엄마 내 털신, 내 털신!” “그래그래 어디 맞나, 안 맞나.” 보자며 털신을 신겨 준다. 신발이 헐렁하니 크다고 투정을 부리자, “어이구 이쁜 내 애기.” 톡톡 궁둥이를 두드리며 “그래야 내년 겨울에도 신지.”

"응~ 그런 거야? 그럼 이따가 또 여우 얘기해줘." "그래 그래 알았어." 엄마의 여우 이야기로 오늘 밤은 또 눈이 나리고 여우가 뒤곁에 내려 짖을 것이라는 생각으로 밤이 사박사박 내리기를 기다렸다.

* 문수 : 신발의 치수(1문이면 24mm 정도)

팔순의 소녀

어느 팔순의 여자가
나는 아직도
꽃을 좋아하는 소녀야.

방긋 웃는다.

나도 세상에
한마디 던졌다.

열애에 빠지고 싶은
사춘기 소년이라고.

이룰 수 없는
꿈같은 말이지만
늙음을 탓하지 않았다.

꽃을 좋아한다는
그 여자의 말 한마디가
낭만의 꿈 깨우쳐 준다.
거울 속 나 아닌 나의 가슴에.

그 마을에 연꽃이 피기 시작한 것은

작은 마을 연못에 멱을 감다 죽은 일곱 살 소녀 아이가 있었다. 그 아이 할머니는 매일매일 일과처럼 연못가에 앉아 손녀의 이름을 부르곤 하였다. 연못 제방에 제물을 차려놓고 무당을 불러 천도제를 지냈는데 언제부턴가 연못에는 하얀 연꽃 한 송이가 피어났다.

할머니는 심청이처럼 연꽃 속에 손녀가 환생되어 살아나올 것이라는 생각이 들어 연꽃이 피는 칠월이 오면 연못에 나가 연꽃을 살펴보곤 하였는데 어느새 아흔 살의 등 굽은 늙은이가 되어 걷기조차 힘이 들자, 자식이 이제 그만두라고 만류를 하는데도, 지팡이를 짚고 다니다가 어느 날 손녀가 보고 싶다며 연못 속으로 걸어 들어갔다.

그 이듬해 연꽃 한 송이가 더 피어났다. 마을 사람들은 연못에 연꽃이 피어나기 시작한 것은 손녀와 할머니의 환생이라고 지금까지 전해져 내려오고 있다.

장정혜 시인 시집에 올린 편지

아주 먼 옛날이었지요.
한 생의 인연 모시나비 한 쌍이 있었지요.
자운영꽃밭으로 민들레꽃밭으로
폴폴 넘나들며 삶의 여백을 즐기며 살았습니다.

하루하루 무지개가 뜨고
종달새가 봄날의 축가를 불러주었습니다.
너무나도 행복한 순간이었습니다.
영혼이 결합된 사랑으로 풍성한 순간이었습니다.

나란히 꽃밭을 날기도 하고
허공으로 날아올라 짝짓기도 하며
마냥 즐거운 시간이었지요.

생에 비바람 부는 날이 있다는 걸 몰랐습니다.
천둥번개 치는 날이 있다는 걸 몰랐습니다.
어느 날 갑자기 이별의 전주곡 하나 없이
그이가 떠나갔습니다.

일 년이 가도 십 년이 가도 돌아오지 않았습니다.
교향곡 비창이 너무나 가슴을 울렸습니다.
세상이 눈물바다였습니다.
꽃을 봐도 강을 봐도 그이의 얼굴뿐이었습니다.

가을이 가고 겨울이 와도
이골 저골 찾아 날아 다녔습니다.
슬픔에 젖어 홀로 핀 모시나비
세상은 따뜻한 눈으로 바라보았지요.

외로운 날엔 위로의 노래를 부르지요.
비가 내리는 날엔 꽃밭에 앉아 엉엉 웁니다.
울어야 얼었던 속이 풀립니다.
세월이 너무 많이 흘렀나요?

심신이 나약해진 나비는 초침소리에도 놀랍니다.
하늘에서 그럽니다.
때가 되면 만날 날이 있답니다.

마음 편히 흐르는 구름을 바라보세요.
노래하는 새들의 심장소리 들어보세요.
아직도 당신의 심장은 쾅쾅 뛴답니다.

약속이라도 한 듯
올 봄엔 모시나비 한 마리가 창가에 날아올 겁니다.
창문을 열어 놓으세요.
그날이 오면 사랑의 노래를 불러주세요.
꽃 나들이 다니던 그 시절처럼요.

홀로 된 모시나비의 슬픔을 시로 노래하시는
장정혜 선생님을 바라보면서
강정 모랭이 홀로 나는 측은한 모시나비의
한 많은 인생 여정을 생각해 봅니다.

언젠가는 우리 헤어져야 하고
멀리 떠나가는 길은 하나인데
왜 그리 힘이 들고 서러운지 모르겠습니다.

세상풍파 헤쳐 살아오신 선생님에게
승리의 노래를 불러드립니다.
내 고향 찔레꽃 향기를 피워드리겠습니다.
산다는 게 다 그런가 봅니다.

미루나무 꼭대기 앉아 우는 새

전병열 시집

발 행 일 | 2018년 5월 10일
지 은 이 | 전병열
발 행 인 | 李憲錫
발 행 처 | 오늘의문학사
출판등록 | 제55호(1993년 6월 23일)
주 소 | 대전광역시 동구 대전로867번길 52(한밭오피스텔 401호)
전화번호 | (042)624-2980
팩시밀리 | (042)628-2983
전자우편 | hs2980@hanmail.net
카 페 | cafe.daum.net/gljang(문학사랑 글짱들)
cafe.daum.net/art-i-ma(아트매거진)

공 급 처 | 한국출판협동조합
주문전화 | (070)7119-1752
팩시밀리 | (031)944-8234~6

ISBN 978-89-5669-907-3
값 9,000원

* 이 책은 교보문고에서 eBook(전자책)으로 제작 · 판매합니다.
* 잘못 제작된 책은 바꾸어 드립니다.
* 이 책은 충청남도와 충남문화재단 에서 사업비 일부를 지원받아 발간되었습니다.